FÊTE DES GRANDS HOMMES

célébrée le 16 novembre

PAR LE PHARE THÉOPHILANTHROPIQUE DE PARIS

Le 16 novembre, un nombre considérable de Théophilanthropes parisiens répondaient à l'invitation du *Phare Théophilanthropique*, et se réunissaient dans le temple de la rue Croix-Nivert, 154, trop étroit pour la circonstance, afin de célébrer la fête des Grands Hommes. Les femmes et les enfants forment la majorité de l'assistance, et l'on est heureux de constater la présence de plusieurs frères venus de Compiègne, de Bourges, de Rouen, etc., pour assister à cette cérémonie : ces frères prouvent ainsi l'union fraternelle qui existe entre les Théophilanthropes de la France.

A deux heures et demie, l'orgue joue un morceau approprié à la circonstance, et les membres du sous-comité vont s'asseoir aux places qui leur sont réservées.

Au milieu du plus profond silence, le frère Décembre, président, prend la parole, et retrace à grands traits l'historique de la Théophilanthropie. Puis il examine en ces termes, s'il est utile de la propager :

S'il était possible, dit-il, de pénétrer dans tous les esprits, dans toutes les consciences, on reconnaîtrait qu'il y existe le désordre le plus absolu : les masses, dégoûtées des croyances par les agissements des prêtres qui se servent de la religion pour propager le fanatisme et la superstition, errent sans idéal ni but, et ne considèrent cette vie que comme le but de leur existence.

Aussi, on se précipite vers les jouissances de toute sorte, on donne pleine carrière à l'égoïsme le plus effréné, et dans cette mêlée combien de blessés, de cœurs aigris, maudissant cette lutte où seuls les intrigants et les audacieux obtiennent le succès.

Est-ce là un état normal que celui qui perpétue chez les hommes, la haine, les divisions, les froissements et le désir de la vengeance ? Peut-on espérer qu'avec de semblables causes de dissolution l'humanité continuera sa marche vers le progrès? N'est-il pas à craindre, au contraire, que malgré la civilisation brillante que nous constatons, elle ne retourne brusquement à la barbarie. Ce fait ne serait pas nouveau, et il suffira de rappeler que le moyen âge a étouffé pendant des siècles les civilisations éclatantes de Rome et d'Athènes. Et si nous nous reportons à cette époque, nous trouvons que l'égoïsme, la soif des jouissances à tout prix, l'absence d'idéal, étaient poussés au plus haut degré et ont amené cette épouvantable catastrophe qui a englouti des nations entières qui ont disparu complètement, laissant, comme témoignages de leur grandeur passée, des monuments grandioses qui étonnent l'imagination et arrachent l'admiration.

C'est que, dans le cœur de tous les hommes, il existe les règles de la morale la plus pure, et le jour où l'humanité oublie ces règles, soit qu'elle se laisse abrutir par les rois ou par les prêtres, soit qu'elle s'abandonne aux plaisirs, elle marche à sa ruine en se préparant des malheurs épouvantables.

Donc en examinant cet état de choses, on reconnaîtra que

la Théophilanthropie vient à son heure : les nombreux adhérents qui, en moins de deux ans, se sont groupés autour d'elle, sans compter ceux qui viennent en foule s'enrôler chaque jour sous ses étendards pacifiques, en sont la meilleure preuve.

Et pourquoi?

C'est que la Théophilanthropie est la représentation exacte, vraie, pure, de la véritable Libre-Pensée, non de cette prétendue Libre-Pensée, qui opposant au fanatisme un autre fanatisme impose à ses adeptes le dogme de la négation absolue, alors qu'elle critique dans les religions prétendues révélées, l'affirmation de dogmes absurdes.

La Théophilanthropie n'impose aucun dogme, aucun credo à ses adeptes : elle a la prétention de constituer une sorte de sphère élevée où les passions humaines ne sauraient atteindre et où tous les hommes de cœur peuvent se rencontrer et s'aimer. Elle leur dit : « Vous êtes tous d'accord
« qu'il y a un principe primordial, les uns l'appellent Ma-
« tière, les autres Nature ; ceux-ci lui donnent le nom
« d'Univers, ceux-là celui de Créateur ; enfin on l'appelle
« Dieu, Allah, Bouddha, Brahma ; mais, en somme, vous
« êtes tous d'accord sur l'existence de ce principe, mais vos
« divisions proviennent de ce que vous voulez absolument
« expliquer ce qui échappe à votre intelligence : c'est ce vain
« désir qui a fait naître les prêtres menteurs qui, en ve-
« nant audacieusement affirmer qu'ils étaient les intermé-
« diaires entre Dieu et les hommes, vous ont soumis au
« despotisme, et vous ont plongés dans les querelles théo-
« logiques qui ont fait, à toutes les époques, verser des
« flots de sang. Laissez-là ces vaines discussions, considé-
« rez-vous comme des frères et aimez-vous comme tels ;
« pratiquez les grandes lois de la morale gravées dans vos
« cœurs, et rappelez-vous que chaque fois que vous tra_
« vaillez pour le bien général, vous travaillez à votre bon-
« heur particulier. »

Ce langage est compris et c'est ce qui explique pourquoi

nos rangs augmentent avec une rapidité qui tient du mer-
veilleux : la Théophilanthropie fera cesser le désordre des
esprits en unissant tous les cœurs, et facilitera la solu-
tion des problèmes sociaux qui s'imposent à notre epoque,
en faisant pratiquer les grandes vertus qui font la force
des sociétés et que la Théophilanthropie résume dans cette
formnle qu'elle inscrit au fronton de ses temples :« La Fra-
« ternité peut seule assurer le droit de chacun au bon-
« heur ! »

Ces paroles produisent une profonde impression
sur l'assistance, et, pendant que l'orgue joue un air
touchant, on voit que tous les frères et sœurs se li-
vrent à d'utiles et profondes réflexions.

Le frère Lafay, lecteur du groupe, prend ensuite
la parole en ces termes :

La fête qui nous rassemble aujourd'hui a pour but d'ho-
norer ceux qui, par leurs vertus et leur dévouement à
l'humanité ont travaillé au bonheur général et, à travers
des étapes difficiles, souvent terribles même, nous ont con-
duit à l'époque d'affranchissement et de lumière où nous
nous trouvons actuellement.

Nous ne voulons pas, comme vous le pensez bien, chers
frères et sœurs, faire défiler aujourd'hui devant nous la
phalange de ces apôtres de la justice et de la vérité.

Si l'humanité s'est vue arrêtée dans la marche progres-
sive par des monstres humains qui n'avaient d'homme que
le nom et qui, hélas ! furent nombreux et puissants, elle a
pu voir aussi à certaines époques, particulièrement alors
que tout semblait perdu et le règne de la noire ignorance
assuré, elle a pu voir, disions-nous, surgir brusquement de
l'ombre de la modestie où ils se renfermaient à l'heure de la
sécurité générale nombre d'hommes vertueux qui n'hésitè-
rent pas à prendre la responsabilité des malheurs accumu-

lés par les tyrans et les charlatans religieux, et qui, par leur courage et leur dévouement, la détournèrent de la marche rétrograde dans laquelle ses ennemis l'avait engagée et, débarrassant la route des obstacles par eux amoncelés pour la perdre, la ramenèrent sur la voie de l'avenir, de la prospérité.

Nous nous contenterons de vous esquisser une de ces figures qui sont une des flammes de la grande auréole humanitaire, formée des vertus et des dévouements qui se sont sacrifiés au bonheur de leurs semblables.

D'ailleurs, maintenant que le sous-comité le *Phare Théophilanthropique* est constitué nous aurons annuellement l'occasion de rendre hommage à un de ces vaillants lutteurs de la bonne cause. Pris ainsi individuellement, cela nous permettra de consacrer une étude plus approfondie sur chacun d'eux, dont il en résultera un enseignement plus grand, puisque leur vie à tous est tout à la fois un exemple et un guide.

Nous avons décidé de consacrer la fête de ce jour à une grande figure patriotique, à une *martyre véritable* qui, après avoir sauvé son pays de la domination étrangère, se vit condamner et brûler, comme sorcière, par ceux-là mêmes qui avaient le plus contribué aux malheurs de la Patrie, et dont les disciples modernes, Tartuffes fieffés, voudraient faire des flammes de son bûcher d'hérétique, une auréole de martyre cléricale.

Nous allons, en quelques traits rapides, dégagés de toute espèce de légende, vous faire connaître cette belle et noble figure véritablement française, dont la vertu héroïque lui attira tant de calomnies :

Jeanne Darc, surnommée la *Pucelle d'Orléans*, naquit à Domrémi, village situé entre Neufchâteau et Vaucouleurs, le 6 janvier 1412. Son père se nommait Jacques Darc, et sa mère Isabeau Romée.

Jeanne manifesta de bonne heure un grand penchant pour la dévotion mystique. C'était une fille de mœurs simples, d'un caractère doux et timide; ses principales occupations etaient de coudre, de filer et de garder les bestiaux. Elle aimait à fréquenter le *Bois Chenu*, près de Domrémi, que l'on dis.it avoir été hanté par des fées et que Jeanne apercevait de sa maison. On y voyait un magnifique hêtre, désigné sous le nom d'*arbre des fées*. Jeanne se rendait fréquemment sous cet arbre pour y chanter de pieux cantiques; elle y suspendait des bouquets et des guirlandes de fleurs. Elle venait d'atteindre sa quatorzième année (1426), lorsqu'elle eut sa première extase: Elle entendait une voix inconnue qui semblait venir du côté de l'église en même temps, le clocher semblait illuminé par une grande clarté. Elle croyait voir l'archange Michel, l'ange Gabriel, sainte Catherine, sainte Marguerite et s'entretenait avec eux. Jeanne aimait à monter à cheval et chérissait, dans le troupeau de son père, l'animal le plus fougueux.

A cette époque, la France était envahie par les Ang'ais, et le roi Charles VII, de triste mémoire, constamment battu par les envahisseurs, se défendait péniblement dans Orléans; cette ville même allait succomber.

Jeanne, à ce moment, eut des visions plus fréquentes. *Ses voix*, c'est ainsi qu'elle s'exprimait, lui commandaient d'aller en France et de faire lever le siège d'Orléans. Une catastrophe qui frappa son hameau mit fin à ses irrésolutions et la décida à faire la mission sublime qu'elle allait accomplir. En 1628, l'ennemi ayant envahi son pays mit tout au pillage et brûla l'église. Elle se rendit immédiatement auprès d'un de ses oncles auquel elle fit part de son dessein, lequel le communiqua au capitaine Baudricourt, gouverneur de Vaucouleurs, qui l'accueillit par des railleries. Mais Jeanne se rendit elle-même à Vaucouleurs, et alla droit à Baudricourt qu'elle reconnut au milieu de foule, et lui dit : « J'ai reçu ordre de mon Seigneur de délivrer Orléans et de faire le dauphin roi en l'emmenant sacrer à Reims. » Baudricourt lui ayant demandé quel était son seigneur : « C'est le Roi du Ciel, » répondit-elle. Baudricourt se rendit enfin et donna son consentement. Jeanne fit couper sa longue chevelure, revêtit des habits d'homme et partit, accompagnée de son frère Pierre Darc et de quelques gentilshommes. Elle arriva à Chinon, le 24 évrier 1429. Jeanne avait alors dix-sept ans.

Le roi informé de son arrivée, la fit venir dans une chambre remplie de jeunes seigneurs, parmi lesquels il restait confondu à dessein. Elle reconnut aussitôt Charles VII; quoique celui-ci ait essayé de la tromper en lui disant : « Ce n'est pas moi le roi. » Elle assura qu'elle le connaissait bien; elle lui parla avec tant de simplicité et de grandeur, que toute la cour fut frappée d'admiration.

Elle promit hautement de délivrer Orléans et de faire sacrer le roi à Reims. Celui-ci ordonna cependant que Jeanne fût examinée par plusieurs évêques, afin de savoir si elle était inspirée par Dieu ou par le démon. Après cet examen, elle fut interrogée par les théologiens de l'Université, à Poitiers. Le roi se rendit au milieu d'eux. Jeanne soutint ce nouvel examen avec sagesse et montra une grande présence d'esprit et de fermeté. A travers les mille questions à elle adressées par les docteurs de la science de l'époque, il en est deux que je relève dans le livre de *Jeanne Darc*, par Henri Martin, livre que j'aurai encore à citer plusieurs fois, du reste, et qui dénote chez cette jeune héroïne un grand bon sens en même temps qu'une grande fermeté de conviction.

Quelle langue parlent vos *voix*, lui demanda un nommé Seguin, faisant allusion à l'expression employée par Jeanne : « Meilleure que la vôtre, lui répondit-elle. » L'interrogateur parlait limousin. — Croyez-vous en Dieu, reprend l'interrogateur en colère, et prouvez-nous que vous êtes envoyée de lui par un signe miracle). — J'y crois mieux que vous. Je ne suis pas venue ici pour faire des signes. Menez-moi à Orléans je vous en montrerai. Qu'on me donne des gens d'armes en si petite quantité qu'on voudra et je ferai lever le siège d'Orléans, je mènerai sacrer le Dauphin à Reims, je lui rendrai Paris après son couronnement et je tirerai le duc d'Orléans d'Angleterre. Il n'est besoin de tant de paroles ! Ce n'est plus le temps de parler, mais d'agir. »

Enfin, la docte assemblée fut vaincue, et, affirmation solennelle touchant son honneur, on la surnomma *Jeanne la Pucelle* et on n'hésita plus à lui confier une troupe de gens d'armes.

Le roi lui fit présent d'une armure et, sur sa demande, d'un étendard de couleur blanche, parsemée de fleurs de lis, et sur lequel on lisait ces mots : *Jhésus, Maria !*

On lui remit également sur sa demande, l'épée ensevelie derrière l'autel de Sainte-Catherine, à Fierbois.

Jeanne se mit alors à la tête de l'armée, dont elle excita l'enthousiasme par ses discours, et marcha sur Orléans. Pendant l'assaut, une flèche l'atteignit à l'épaule. Elle arracha aussitôt le trait sanglant en disant : « Il m'en coûtera un peu de sang, mais ces malheureux n'échapperont point à la main de Dieu. » Elle s'élança sur le rempart d'Orléans et y planta elle-même son étendard.

Jeanne ne se servait jamais de l'épée ; elle marchait cependant au premier rang, l'étendard a la main, pour guider les combattants et enflammer leur courage. Huit jours après son arrivée, les Anglais levaient le siège d'Orléans, qui avait duré près de sept mois. Elle enleva ensuite la ville de Jargeau, vaillamment défendue par Suffolk, un des plus célèbres capitaines anglais.

A ce combat, Jeanne parut encore la première sur les remparts, son étendard à la main. Atteinte par une lourde pierre, elle fut renversée au pied de la muraille. Les Anglais poussaient déjà un cri de triomphe ; mais Jeanne ranima les Français en leur criant: « Amis, amis ! ayez bon courage, Notre Seigneur a condamné les Anglais ; à cette heure, ils sont tous nôtres. » Elle entraîna ses soldats et l'ennemi fut culbuté et mis en fuite.

Jeanne enleva encore Meaux et Beaugency et, après avoir défait les Anglais dans la plaine de Patay, elle leur prit Montpipeau, Saint-Sigismond et Sully ; puis elle marcha sur Reims et y fit sacrer le roi, le 17 juillet 1429. Elle assista à cette solennité, son étendard à la main.

« Les regards des assistants, dit Henri Martin, se portaient bien moins sur les acteurs de cette imposante cérémonie que sur *Jeanne la Pucelle*, debout, près de l'autel, son étendard à la main.

Cette céleste figure, illuminée par les rayons mystérieux qui tombaient des vitraux peints, semblaient l'ange de la France, présidant à la résurrection de la patrie. »

Après cet évènement, la gloire de Jeanne était sans égale. On lui attribue des pouvoirs immenses. Le peuple lui témoigne autant de vénération qu'à une sainte canonisée.

On peut dire que cette bergère de dix-huit ans tenait dans sa main l'Etat et l'Eglise, qu'entre sa parole et celle de tous les prélats de France le peuple n'eût pas hésité un instant.

Mais aussi, là était le péril, là était l'écueil, non pas de sa pureté ou de son génie, mais de sa prospérité.

Jeanne n'avait pas à craindre l'Anglais, mais elle avait à redouter les jalousies des nobles et du clergé qui ne pouvaient se résigner à reconnaître qu'une jeune bergère, une enfant presque, avait accompli ce qu'ils n'avaient pu faire, *ou voulaient empêcher.*

« Là, où la religion est encore un sentiment, un principe de vie, dit l'auteur, le prêtre est pour Jeanne ; mais là où elle n'est plus qu'une forme, qu'une règle extérieure, qu'une doctrine d'école, dans le haut clergé politique, dans la tombe scolastique, le Messie de la France ne rencontra qu'une effroyable jalousie. »

Chez les chefs militaires également, elle soulève des haines, car ces sabreurs de profession ne veulent admettre qu'une jeune fille de dix-huit ans, puisse posséder leurs *connaissances militaires.*

De ce moment commence le long martyrologe de cette brave fille du peuple, qui ne se terminera que sur le bûcher de Rouen.

Certains auteurs prétendent que la mission de Jeanne s'arrêtait au sacre du roi Charles VII, à Reims; mais Henri Martin, s'appuyant sur des documents très sérieux et notamment sur une parole attribuée à Jeanne et reconnue par presque tous les historiens : *qu'elle voulait bouter tous les Anglais hors de toute France*, réfute cette opinion et lui attribue la ferme volonté d'aller délivrer Paris.

Nous ne suivrons pas notre héroïne à travers les mille pièges de toute nature qui furent tentés pour lasser son courage et la faire renoncer au but sublime qu'elle poursuivait : la délivrance de la France. Le roi, la noblesse, le clergé, se liguèrent contre elle et firent tous leurs efforts, pour entraver le succès des armes françaises.

Mais Jeanne, soutenue par son ardent patriotisme ne se lassait point et harcelait sans cesse l'ennemi. Elle se distingua encore dans plusieurs circonstances, notamment à l'assaut de la porte Saint-Honoré, à Paris (8 septembre 1429), où elle fut blessée à la cuisse. Enlevée malgré elle du champ de bataille, elle fut portée à Saint-Denis. L'inertie du roi l'obligea à revenir vers Compiègne. Après avoir battu Franquet d'Arras, elle se renferma avec une poignée de chevaliers dans Compiègne, dont le duc de Bourgogne faisait le siège. Le 24 mai 1430, opérant une sortie pour dégager la ville, elle fut fait prisonnière après un combat acharné, par les gens du duc de Bourgogne. Voici en quels termes Henri Martin raconte le fait:

« Tous les ennemis se ruaient à la fin sur elle. La bannière bien autrement sacrée que l'oriflamme, qui avait été le salut de la France, la bannière d'Orléans, de Patay et de Reims s'agitait en vain pour appeler à l'aide. La fidèle armée de Jeanne n'était pas là. Le saint étendard tomba renversé par des mains françaises. Les derniers défenseurs de la Pucelle étaient morts, captifs ou séparés d'elle par la

foule assaillante. Jeanne luttait toujours. Cinq ou six cava-
liers l'entourèrent et mirent la main tous à la fois sur elle
et sur son cheval. Chacun d'eux lui criait:

« Rendez-vous à moi ! — Donnez-moi votre foi ! — J'ai
juré, répondit-elle, et donné ma foi à autre que vous ; je lui
en tiendrai mon serment. »

Un archer la tira violemment par sa huque (casaque) de
drap d'or de vermeil. Elle tomba de cheval. Elle fut aussitôt saisie et emmenée prisonnière à Margny. »

Cette nouvelle causa une joie et un soulagement inexpri-
mables dans le camp anglais ; il y eut des réjouissances pu-
bliques.

Le peuple français fut douloureusement frappé. Mais à
la cour, les envieux, les jaloux, et le clergé en particulier
donnèrent libre cours à leurs ignobles sentiments.

L'analyse suivante de la dépêche, extraite des archives de
l'Hôtel-de-Ville de Reims, envoyée par Régnault de Char-
tres, archevêque de la dite ville, adressée aux habitants,
témoigne des sentiments honteux du clergé et du roi.

« Il donne avis de la prise de *Jeanne la Pucelle* devant
Compiègne, et *comme elle ne voulait croire conseil, mais
faisait tout à son plaisir.* — Qu'il était venu vers le roi
un jeun pasteur gardeur de brebis des montagnes du Gévaudan, en l'évêché de Mende, *lequel disait ni plus ni
moins que avait fait Jeanne la Pucelle* et qu'il y avait
commandement de Dieu d'aller avec les gens du roi et que,
sans faute, les Anglais et Bourguignons seraient déconfits.
Et sur ce qu'on lui dit que les Anglais avaient fait mour.r
Jeanne la Pucelle, il leur répondit que tant plus il leur en
mésaviendrait, et *que Dieu avait souffert prendre Jeanne
la Pucelle pour ce qu'elle s'était constituée en orgueil,
et pour les riches habits qu'elle avait pris, et qu'elle n'a-
vait fait ce que Dieu lui avait commandé, mais à sa
volonté.* »

A quatre siècles et demi de distance, nous retrouvons les
mêmes procédés. Comme est bien significative cette phrase :

elle ne voulait croire conseil, c'est-à-dire elle an'vait pas voulu suivre les avis de Messieurs du Clergé et livrer la France à l'Anglais. Elle s'était permis d'avoir une inspiration divine sans l'autorisation du pape et de tous ses complices ! Quelle témérité !

Et cette fab'e du berger de Gévaudan venant annoncer au roi que lui aussi est envoyé de Dieu, et que Jeanne a été prise par sa volonté, parce qu'*elle s'était constituée en orgueil*.

Pauvre Jeanne, elle, orgueilleuse ! Elle qui avait maintes fois sacrifié sa vie pour le salut de la France et qui, en ce moment, expiait en prison, en attendant son supplice, le grave tort d'avoir cru en Dieu seul, d'avoir été sincère, vertueuse.

O Molière, quel génie tu as été pour le bon sens et l'honnêteté. Deux siècles environ auparavant que ton *Tartufe* ne se jouât sur la scène, il existait en réalité sur notre malheureux pays. Oui, ce [Charles VII représente bien le type de cet entêté d'Orgon qui ne s'aperçoit qu'il est trompé ou ne veut pas s'en apercevoir. Il écoute et flatte ses ennemis; il chasse et calomnie ses amis. Il ne voit pas la France à l'agonie. Il suffit de vouloir sa délivrance pour lui devenir suspect. Il n'écoute que son *Tartufe*, le cardinal Winchester, le chef du clergé français qui traite secrètement avec l'ennemi pour lui livrer la France.

Pour nous c'est le plus bel éloge que l'on puisse faire de *Jeanne Darc*, car pour s'être attiré les calomnies de tels misérables, il a fallu qu'elle fût bien vertueuse.

Jeanne, tombée entre les mains du duc de Luxembourg, allié du duc de Bourgogne, fut vendue aux Anglais moyennant 10.000 fr. d'or, que le duc de Bedford préleva sur la province de Normandie. Ce fut l'argent français qui paya le sang de *Jeanne Darc*.

Une fois entre les mains de ses ennemis, notre héroïne attendit encore pendant cinq longs mois le jour de son exécution. Ce fut le fameux Cauchon, évêque de Beauvais, qui dirigea le procès de l'illustre accusée. Et l'on pourra juger avec quelle impartialité il remplit ses fonctions, lorsqu'on saura que cet évéque avait été chassé de Beauvais par la population, pour » *s'être montré extrême et furieux pour le parti des Anglais.* »

Ce fut ce sinistre personnage qui intrigua de toutes manières pour que Jeanne fût jugée par un tribunal ecclésiastique comme sorcière. Sa mort était arrêtée, mais il fallait la déshonorer aux yeux de tous, afin lui enlever le prestige, incontestable qu'elle avait sur le peuple. Il obtint de l'Université de Paris l'approbation de cette forme de jugement.

Une fois entre les mains des Anglais, Jeanne fut conduite à Rouen pour y être jugée par le Tribunal du Saint-Office, composé de Cauchon, grand Inquisiteur, de Maistre, inquisiteur, et de soixante assesseurs, tous docteurs en théologie en droit canon, droit civil, et choisis parmi les ennemis de Jeanne.

Mais les Anglais s'impatientaient de la longue procédure inquisitoriale, disant que les clercs ne gagnaient pas leur argent, car chacun des assesseurs recevait du Conseil d'Angleterre vingt sous tournois par jour (environ 6 fr. de notre monnaie).

« La régence anglaise, comme on le dit si justement Henri Martin, qui laissait à Paris les magistrats de la Cour suprême sans moyen d'existence, savait bien trouver de l'argent pour solder les juges et les bourreaux de Jeanne Darc, et pour rouvrir l'antre de l'Inquisition quand se fermait le temple de la justice.

Enfin Jeanne parut pour la première fois le 21 février 1431 devant le tribunal ecclésiastique, dans la chapelle du château de Rouen. Un des assesseurs, Nicolas de Honppeville, ayant élevé la voix en faveur de l'accusée, fut jeté en prison. Voici le tableau dépeint par Henri Martin, à son apparition devant ses juges :

« Jeanne paraît pâle, chancelante, brisée par les angoisses de deux mois d'une horrible captivité. A la tempête que souélève sa vue, on dirait l'entrée d'un ange dans une assemblée de démons. Les interpellations se croisent de toutes parts, les questions ne s'attendent pas l'une l'autre; chaque parole de l'accusée redouble le tumulte; l'assistance s'agite, en proie à ce désordre qui, suivant l'*Ecriture*, caractérise le *Conseil des méchants*. Si l'emportement parfois semble s'apaiser, ce n'est que pour faire place à la ruse : l'interrogatoire ne cesse d'être violent que pour devenir perfide. Jeanne est seule au milieu de tant d'ennemis, sans avocat, ni conseil. Ceux des assesseurs qui cherchent à la guider, à lui faire saisir la portée des questions et des réponses, sont en butte aux furieuses apostrophes de Cauchon et désignés à la vengeance des Anglais. Cette scène se prolonge durant trois ou quatre heures. On veut accabler Jeanne par la fatigue physique comme par la souffrance morale ; on s'efforce de la mettre hors de défense en jetant le trouble dans son esprit, autant par la subtilité des questions que par leur multiplicité et leur incohérence. « On lui proposait » au rapport d'un des assesseurs (Isanband de la Pierre) « des interrogatoires tellement difficiles, subtils et cauteleux, que les plus grands clercs de l'assistance n'y eussent su répondre qu'à grand'peine. » Elle y répondit pourtant. Parfois simple et naïve comme un enfant, parfois ingénieuse et d'une charmante finesse de femme, souvent sublime, elle ne fut jamais faible: la force de son âme soutint son corps épuisé: elle redevint devant ses juges ce qu'elle avait été sur le champ de bataille *la fille au grand cœur.* »

Comme vous le voyez, mes sœurs et frères, la justice ecclésiatique n'avait rien épargné pour intimider cette jeune fille et lui arracher des paroles contraires à sa pensée. Mais c'est le propre des natures d'élite, des grands cœurs, de confondre les méchants, fussent-ils les plus grands savants. Est-ce qu'en effet, la conscience pure peut craindre quelque chose? Celui qui pratique la vertu possède en lui une force morale qui lui sert de rempart contre les attaques des vices. C'est ainsi que Jeanne a su triompher de tous ces pharisiens qui, trop vaniteux pour juger cette héroïne à sa juste valeur, la jugeant d'après leur conscience timorée, émous-sèrent leurs savants artifices contre sa candeur et sa pu-reté.

L'attitude de cette vaillante enfant de la France prison-nière, seule au milieu de tous ses ennemis, est d'un grand exemple et d'un utile enseignement. Et l'exemple est d'au-tant plus frappant, l'enseignement d'autant plus beau qu'il nous vient d'une femme; de cette moitié du genre humain, qu'on a tant méprisée tant calomniée alors qu'elle aurait dù être l'objet de notre respect et de notre sollicitude Bien de hommes de guerre, bien de ceux qui furent réputés héros, parce qu'ils moururent sur le champ de bataille, au grand Jour, au milieu du tumulte de la victoire sanglante, auraient été cables de subir le martyre, supporté si héroïquement ment par Jeanne Darc.

Il nous est impossible de suivre ce grand procès qui n'est qu'un long martyrologe pour Jeanne. L'acte d'accusation comprenait soixante-dix articles, auxquels elle répondit arti-cle par article. On l'accusait entre autres de croire au Dieu de là haut et de ne pas reconnaître l'Eglise militante, c'est à-dire de préférer Dieu au Pape. — Un autre article disait: « Elle s'est opposée à tout traité de paix et a poussé cons-tamment à l'effusion du sang. » Jeanne répondit : « J'ai écrit pour la paix au duc Bourgogne; quant aux An-glais, la paix qu'il y faut, c'est qu'ils s'en aillent en Angle-terre. »

Il est à noter que c'étaient des membres du clergé fran-çais qui lui reprochaient ces griefs. Ainsi donc, pour eux, c'est celui qui défend sa Patrie envahie qui pousse à l'ef-fusion du sang; c'est l'assassin qui est la victime ; voilà la morale du cléricalisme. Malheureusement, l'histoire a eté plus d'une fois à enregistrer des faits non équivoques de cette moralité cléricale. A travers les âges et jusqu'à nos jours, nous avons pu voir que ces soi-disants apôtres de charité et de vertu étaient bien plutôt des agents de haine et de corruption. Le patriotisme, chez eux, ne peut exister puisqu'ils n'ont ni famille, ni foyer, ni patrie. A cette époque comme aujourd'hui, c'est à Rome qu'ils obéissent. N'en avons-nous pas eu dernièrement une preuve bien éclatante, lorsque tout récemment dans une de nos chères provinces arrachées à la France, un membre du clergé s'est fait l'allié de l'Allemagne pour faire échouer le représentant au cœur français, dissimulant sous un adjectif incolore sa conduite indigne, trop ignoble pour affronter le grand jour. Mais il avait compté sans les cœurs généreux qui conservent précieusement le souvenir de la Patrie; il ne s'était plus souvenu sans doute qu'ils étaient du pays de Jeanne Darc, ceux-là, qu'il comptait mystifier par son masque hypocrite. Il a pu voir par la réponse qui lui a été faite, que si le clergé français comptait toujours dans se rangs des fourbes et des lâches comme ceux qui condamnèrent et firent brû'er la grande patriote, il y avait dans les peuple des cœurs qui se souvenaient de *Jeanne Darc* et des son amour de la Patrie!

La réponse de Jeanne était parfaite : elle offrait la paix au duc de Bourgogne qui était Français et invitait les Anglais à rentrer chez eux. Rien de plus logique. Quant à la question du Dieu de là haut et de celui-ci bas, le seul fait de lui faire un crime de croire au premier plutôt qu'au second, dispense de tout commentaire : l'Eglise se juge par elle-même.

Enfin, on l'accusa d'avoir fait des prédictions, ce qu'elle en contesta pas, et en ajouta même une nouvelle en disant qu'avant sept ans, tous les Anglais seraient chassés de France, ce qui ne se réalisa pas à la lettre ; Paris fut enlevé aux Anglais avant les sept ans ; mais ils ne quittèrent définitivement la France qu'une vingtaine d'années après.

Enfin, le procès se termina. Plusieurs des assesseurs se montrèrent favorables à Jeanne et entreprirent même de la sauver. L'évêque de Beauvais usa de la menace et de l'intimidation pour leur arracher une sentence de mort. Ils y furent déterminés dans les circonstances suivantes : le 24 mai 1431, Jeanne fut conduite au cimetière de Saint-Ouen, à Rouen ; là, un prêtre aussi féroce qu'ignorant et superstitieux, insulta, dans un sermon, le roi Charles et son héroïne. Celle-ci ayant contredit quelques calomnies injurieuses, irrita ses juges, qui la condamnèrent à mourir comme sorcière, devineresse, sacrilège, idolâtre, blasphémant le nom de Dieu et des saints, désirant l'effusion du sang humain ; séduisant les princes et les peuples et ayant dépouillé la pudeur de son sexe. Après avoir entendu la sentence, Jeanne demanda et obtint la faveur de communier, et cela, bien qu'elle eût été excomuniée par la sentence.

Enfin le jour fatal arriva. Le 31 mai 1431, Jeanne fut conduite sur la place du Vieux-Marché, à Rouen, pour y être brûlée.

Jeanne Darc arriva jusqu'au pied du bûcher ferme et digne. Ses bourreaux l'exhortèrent encore une dernière fois à confesser ce qu'ils appelaient son hérésie ; mais Jeanne les repoussa. Au moment de la livrer aux flammes, le prêcheur lui dit ces moments cyniques: « Jeanne, allez en paix, l'Eglise ne peut plus vous défendre ! »

Quelle amère ironie ! — Tant de fiel entre-t-il dans l'âme des dévots ! a dit plus tard Molière. Oui, en effet, l'on hésite à croire que le criminel le plus endurci eût agi avec plus de cruauté et de raffinement. *L'Eglise ne peut plus te défendre !* ô Tartufes, elle est bien de vous, cette phrase chef-d'œuvre d'hypocrisie cruelle, et, quand la conscience est capable de telles infamies, nous nous refusons à croire qu'elle puissse jamais trouver une absolution.

Et ils ne se contentèrent pas des souffrances morales, ces misérables qui doivent être cloués au pilori d'infamie de l'humanité ; il fallut encore que ces natures basses et sauvages, trouvassent une jouissance dans l'exécution de cette noble martyre. L'échafaud sur lequel était placé le bûcher, construit en plâtre, avait été élevé à une hauteur inusitée, afin que les flammes fussent plus lentes à envelopper cette martyre, et que l'agonie se prolongeât davantage. Bientôt l'on n'entrevit plus Jeanne qu'à travers des nuages de fumée. Soudain, un coup de vent écarta les tourbillons embrasés. Jeanne poussa un grand cri, puis elle pencha la tête, et expira.

Plus de dix mille personnes assistaient à ce drame terrible !

L'on se demande comment, dans une ville française, au milieu d'une population française, un crime pareil a pu être commis? C'est que la plupart de ceux qui y assistaien, étaient frappés d'ignorance et de superstition, et qu'au lieu de culbuter les Anglais qui gardaient la place pour sauver Jeanne, ils fondaient en larmes et marmottaient des prières! Il en est ainsi de l'enseignement clérical : après avoir imprimé dans le cerveau toutes les lâchetées morales il vous prépare à subir tous les affronts, à tolérer tous les plus grands crimes.

C'est avec intention qu'ils avaient placé sur la tête de la victime une mître sur laquelle on lisait ces mots : « Hérétique, relapse, apostate, idolastre!» En attirant sur elle l'esprit de superstition et de fanatisme, ils éloignaient plus sûrement qu'avec des milliers de soldats, toute tentative pour sauver Jeanne Darc. Le courage impose et est capable de tous les héroïsmes; mais le courage ne peut exister dans une âme fanatique. La férocité et la lâcheté seules y trouvent place. La mort de Jeanne en est la preuve frappante.

Et comme s'ils eussent craint que tous n'aient pu lire les mots inscrits sur la mître de la victime, en face du bûcher, ils mirent une pancarte sur laquelle on lisait cette autre inscription : « Jeanne qui s'est fait nommer la pucelle, menteresse, pernicieuse, abuseresse des peuples, devineresse, superstitieuse, blasphémeresse de Dieu, mal-créant de J.-C., vanteresse, idolâtre, cruelle, dissolue, invocateresse de diables, schismatique et hérétique. »

Et puis, ils excusaient ainsi aux yeux des superstitieux le

crime d'avoir livré aux Anglais celle qui sauva la France.
Si grande soit la perversité d'un criminel, il cherche
toujours une excuse à son crime. Mais ils n'avaient pas
même pour eux, ces misérables, cette circonstance atté-
nuante, puisqu'en admettant que Jeannne Darc ait été ce
qu'ils disaient être, ils pouvaient la juger alors qu'elle était
entre les mains des Bourguignons, et non pas la livrer à
l'ennemni, duquel certainement on ne pouvait attendre de
justice pour celle qui avait sauvé la France, non-seulement
en gagnant des victoires, mais encore en faisant renaître
dans les cœurs abattus l'espoir et la confiance. Ce fut cette
flamme allumée par Jeanne Darc qui sauva le pays de l'af-
faissement moral et de la ruine à bref délai dont il était
menacé. La joie que manifestèrent nos ennemis à la prise
de Jeanne est plus éloquente que tout ce que l'on pourrai
dire.

Le clergé a donc accompli froidement et avec tous les
raffinements d'une âme hypocrite le crime de lèse-nation et
de lèse-humanité dont la tache indélébile est marquée sur
son front.

C'est en vain que, vingt-cinq ans après, comprenant
toutes les conséquences de son ignominie, il fit un procès
en réhabilitation. Ce procès, qui fut ouvert le 1er juin 1455,
à Rouen, avait bien moins pour but de réhabiliter *Jeanne*
que le roi lui-même. Une tache frappait ce monarque qui
avait été sacré par la volonté de celle qu'on avait traitée
de sorcière. L'hérédité de la royauté se trouvait gravement
compromise.

Mais quoi qu'il en soit, il est curieux de connaître les
conclusions du réquisitoire de réhabilitation, qui est un
stigmate profond pour les bourreaux de Jeanne.

Le voici: « Nous, juges, spécialement délégués par notre
très saint seigneur le pape actuel, siégeant en notre Tribunal, ayant Dieu seul devant les yeux, prononçons et
déclarons les dits procès et sentences dol, calomnie, ini-
quité, contenant erreur manifeste de droit et de fait, et,

avec abjuration susdite, exécution et tout ce qui s'en est suivi, nuls, invalides et de nul effet... les cassons, annulons et leurs ôtons toute force ; déclarant la dite J.anne avec ses ayants cause et ses parents, n'avoir encouru en cette occasion, aucune tache d'infamie, et être exemptée et purgée de tout effet des dits procès et sentences. »

Le Tribunal ordonna l'exécution immédiate de cette sentence nouvelle et ordonna des prières, des sermons solennels et des processions sur la place où avait été exécutée Jeanne Darc.

Tel fut ce célèbre arrêt, ajoute Henri Martin, qui tout en flétrissant les bourreaux et en glorifiant l'immortelle victime, contribua tant à fausser l'opinion, pour des siècles, sur le vrai caractère de Jeanne et de sa noble mission.

Parlant des monuments élevés à la mémoire de Jeanne à Orléans et dans diverses autres villes de France, l'auteur dit que le seul monument digne de celle qu'il appelle notre *Messie nationale*, serait une série de monuments qui jalonneraient son héroïque pélerinage à travers la Patrie, de Domremi à Orléans, de Reims à Compiègne, du pont de Compiègne à la place du Martyre.

Sans doute, il serait bon que les arts les plus nobles, la peinture et la sculpture vivifient les traits de cette héroïne de vingt ans. Le sujet est bien digne d'inspirer les plus grands talents et ce serait justice qu'à chaque étape de ses succès comme de ses revers, un monument rappelât aux habitants de ces contrées les souvenirs des luttes et des souffrances endurées par cette jeune et belle Française pour la délivrance de la Patrie.

Mais pour nous, Théophilanthropes, il est un monument qui est bien supérieur et le seul vraiment digne de la *Fille au grand cœur*.

Nous considérons d'abord que la personne humaine n'est rien, que seuls les principes sont immortels. Nous recher-chons donc bien plus le triomphe des principes de justice

et de vérité que la glorification des personnes qui s'en sont
fait les champions.

C'est pourquoi nous croyons que le plus beau monument
qui puisse perpétuer la mémoire de *Jeanne DArc* serait
celui qui serait formé par le grand nombre de cœurs imi-
tant son exemple.

Jeanne n'est pas seulement la personnification la plus
pure du patriotisme, elle est aussi l'image frappante de la
fraternité. Lorsqu'elle répond à ses juges qui l'accusaient de
pousser à l'effusion du sang : Je demande la paix au duc de
Bourgogne, et quant aux Anglais qu'ils retournent chez
eux ; elle avait parfaitement défini la fraternité ; car, en
effet, son langage voulait dire : Je rappelle un Français à
ses devoirs envers ses frères les plus proches, mais quant à
ceux qui viennent troubler la paix de la grande famille
française, qu'ils retournent dans leurs familles, qu'ils s'en
aillent travailler à la prospérité de leur pays au lieu de
travailler à la ruine du nôtre, sinon nous aurons le droit de
nous faire respecter, comme ils auraient également le droit
de le faire si nous agisions de même chez eux.

Tout le secret de la Fraternité est là : respecter son sem-
blable comme l'on désire être respecté soi-même. Faire le
bien à tous, parce que plus les actions bonnes se multiplie-
ront dans chaque famille, dans chaque pays, plus le bonheur
général sera grand.

La vie tout entière de Jeanne Darc respire cet esprit fra-
ternel en même temps qu'une grande dignité et une grande
force de caractère, à travers les souffrances et les épreuves
terribles qu'elle a supportées.

Si cette noble créature a vaillamment résisté à tous ses
maux sans faiblir, si elle fut jusqu'au dernier moment une
femme héroïque, rappelons-nous que c'est parce que sa
vertu morale était la plus rude forteresse contre les em-
bûches de toute nature qui lui furent tendues.

Efforçons-nous d'imiter son exemple, soyons généreux dans
la victoire, fermes et dignes dans les revers, ayons toujours

confiance dans la force des principes de justice et de vérité, et nous aurons contribué à l'édification du monument
u'elle-même, cette généreuse fille, voulait élever : la prospérité et le bonheur de la France, en même temps que le règne universel de la Fraternité.

Après cette émouvante étude de notre héroïne
nationale, le président prononce une allocution aux
femmes : il leur signale les dangers que fait
courir à la société leur soumission aveugle aux
prêtres qui en font leur instrument, et termine
ainsi :

Vous avez, leur dit-il, le plus beau rôle dans l'humanité :
celui de préparer les générations qui doivent nous succé-
der, et selon que vous les préparez mal ou bien, la Patrie s'elève ou s'abaisse. Et si, dans ces dernières années,
la France a éprouvé les malheurs les plus lamentables, si
aujourd'hui elle hésite et se demande si son rôle n'est pas
fini : c'est que vous, femmes, en prenant vos inspirations au
confessionnal, vous avez transformé nos jeunes générations
ou en sceptiques sans cœur ou en séides du cléricalisme.
Secouez donc ce joug fatal à tous, fatal à vous-mêmes : re s
poussez les conseils perfides de ce prêtre qui ne connaît pa
la famille et prétend régenter les familles, écoutez avec confiance l'homme à qui vous avez donné votre foi, votre a-
mour, et dont vous êtes la compagne pour la vie : écoutez ses
conseils car ils sont dictés par la sagesse et la vérité. Et
puisque votre cœur recherche les satisfactions de sentiment :
venez à la Théophilanthropie où vous entendrez le langage
de la vérité et non celui du mensonge.

Dans les intervalles des discours et des morceaux
d'orgue, notre sœur Désormeaux, dont le talent cha-
eureux et sympathique égale la grâce et le cœur, a

récité, au milieu de l'émotion générale, plusieurs poésies, appropriées à la circonstance, de Lachambeaudie et de Victor Hugo.

Notre frère Chapuis a également, avec son dévouement habituel, mis son talent à notre disposition en nous disant deux chants qui, s'adaptant admirablement au caractère de la fête, ont fait une profonde impression sur les assistants.

Le Président ayant rappelé que les Théophilanthropes ne se séparent jamais sans songer aux malheureux, notre sœur Barut, dame hospitalière, parcourt les rangs et revient avec une récolte abondante qui permettra de soulager quelques infortunes.

Les assistants se retirent alors avec calme et recueillement ; on voit à leurs visages qu'ils emportent de la cérémonie une impression profonde et durable.

En terminant ce compte-rendu, le *Phare théophilanthropique* prie tous nos frères des départements d'adresser au frère Décembre, 326, rue de Vaugirard, les adresses de leurs parents et amis habitant Paris, nous nous ferons un plaisir de leur adresser une invitation pour la fête de la Vieillesse qui sera célébrée le 28 décembre prochain.

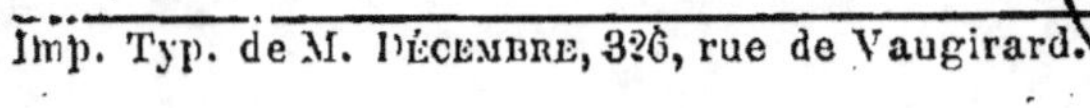

Imp. Typ. de M. Décembre, 326, rue de Vaugirard. Paris.

www.ingramcontent.com/pod-product-compliance
Lightning Source LLC
LaVergne TN
LVHW020502060726
842525LV00005B/1868